太古人類は《宇宙と舞う》方法を知っていた

千賀一生

ヒカルランド

人類は太古、宇宙を体で把握した。
理性の限界を超え、
いかにして体は宇宙法則を把握するのか。

水の精と舞い
風の精と舞う

ただそこに
たたずむだけで
踊っている存在
静なる躍動こそ
しあわせの原点

この瞬間の中に
広大なる世界に出会う
瞬間なる一点が
広大なる世界を変える

私を嫌いな私
私を信じていない私
何もかもが不快な私

空間に一つに包まれる
わたしを知ったとき
空間は教えてくれた

ほらっ、
あなたはこんな光なのよ！
ほんとうは！

忘れてた！
わたしは天使
天の使い

言葉ではどうしても
伝わらない…　つながらない…

とうめいになって　とうめいになって
くるくるくるくる　とうめいになって
宇宙と一つになる
すべてが流れ　通り抜けていく

ふと見ると　すぐとなりに
同じ笑顔を持った人がいる
胸がいっぱいになる

言葉を超えてつながる
ひとつのこころ　ひとつの空間

『原点につながる』
原点を見る目は
未来を観る
原点を開く力は
未来を拓く

この先を読まれる前に

※本書がより有益に活用されるために、左記の実行をお勧めします。

体をほぐし、心を落ち着けてから、前掲七点の写真の内、気に入った写真を、自身がその場に実際にいる感覚になるまで観てください。

そしてその実感からやってくるインスピレーションやビジョンを、動画を見るように、あるいは誰かの話を聞くようにゆったりと受け取り続けるようにしてください。

この本は、見かけ上、散文で書かれていますが、散文では伝えきれない内容を直感的に伝えようとする箇所を多く含んでいます。

右記準備を心が静まるまで行っていただきますと、この本をより高い次元の感覚で読むための調整として役立ちます。

脳には周期がありますので、この方法は、自身が読書に適した周期にあるかどうかの判定にも役立ちます。

写真を観てもインスピレーションモードに入らない時は、読み進めるのは保留にして、動画からご覧いただき、日数をおいてから再び行うことをお勧めします。

とくに最初に読む時が肝心ですので、可能ならインスピレーション用のメモ帳を用意し、どんな小さなインスピレーションも見逃さずにメモしながらゆっくり読み進めることをお勧めします。

メモすること自体が、心の成長とインスピレーションに対する鋭敏な知覚力の養成に役立ちます。

（7点の画像は、わの舞HP＝http://chiga.jimdo.com/ の画像ページで大きくご覧いただけますので、ご活用ください）

目次

第一章　アニミズムの心は体で蘇る

第二章

体はいかにして宇宙の法則を把握するのか

第三章 日本人の潜在力を開くために

装丁　櫻井浩＋三瓶可南子（⑥Design）
校正　麦秋アートセンター

第一章

アニミズムの心は体で蘇る

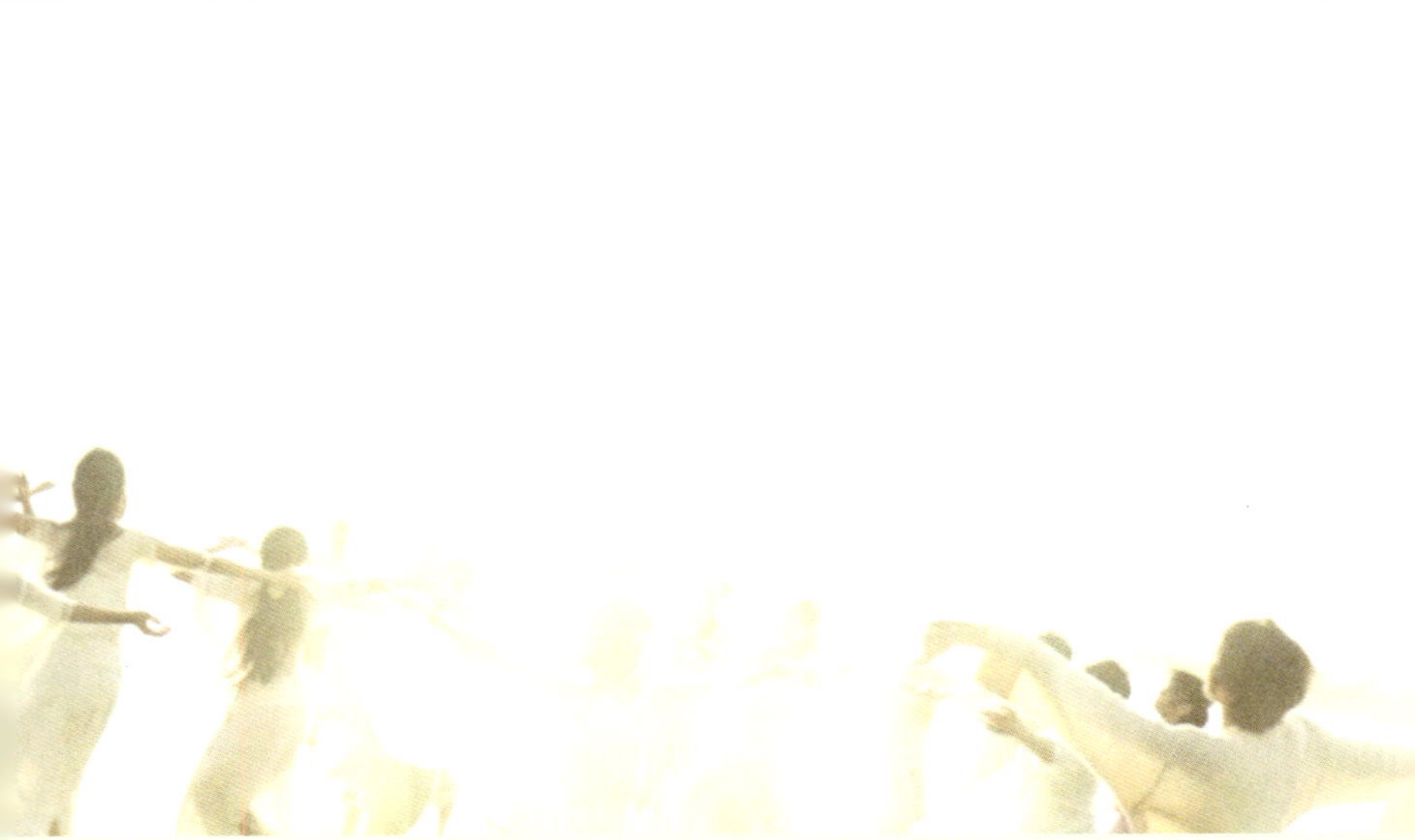

はるかな海のかなたにあるという龍宮城
乙姫さまの優雅な舞が
奏でられていると聞くだけで
どんなにそこが幸せかが伝わってきます。

楽園や理想郷のイメージに
開放的に舞う人々の姿が浮かぶのはなぜなのでしょう？

かつて地球上には
自然と共に暮らす
文明とは無縁の人々がたくさんいました。
アジアやアマゾンの山奥
南国の楽園にいた人々

彼らの躍動性にふれると
理想郷に舞う人々のビジョンは
たしかな記憶のような気がしてきます。
人類としての
彼らの体や心には
私たちが失ってしまった何かがありそうに思えます。

自然とともに暮らしていた時代
誰もが踊っていた時代
私たちの先輩はそこで何を体験していたのでしょう？

現代人が失った力

——精霊と舞うことのできた私たちの祖先

人類の最も古い文化スタイルを維持している人々は共通して、よく踊ります。

これは、私たちの祖先にとって、踊るという行為が日常的だったことを意味しています。

私たち現代人は、会社での仕事や家事など、やらなければならないことに日々追われ、それを日常と呼んでいます。

しかし、はるかなる祖先の人々には、そうした意味での日常ではない時間がたくさんありました。

その中でも最も日常性を感じさせない時間の一つが、踊るという共通行為だったに違いありません。

私たちから見て、非日常であるものが、彼らにとっては日常であったわけです。踊りというと、私たちには、意図して行う数ある文化行動の一つにすぎないように思えます。

しかし、それは、ずっと普遍的なものでした。

彼らの踊りには、不思議なことに、たとえ地球の真反対にある、何のつながりもない部族との間であっても、高い共通性が見つかります。

小さな子供も、老人も、みんなが心から楽しむ彼らの踊りには、私たちの体の文化には欠けているものがあります。

彼らはバーチャルではない、本物の幻想界に舞うのです。

現代人のように舞台上と観客という二つに区切られた枠組みの中での幻想界ではなく、この世界のもつ本物の幻想次元に舞うのです。

うまいとかへたとかいう個々の自尊心を満たすためとは反対の、個を超えた次元に喜びを見いだす彼らにとって、それは当たり前の日常でした。

彼らが踊ろうとする理由は、そのような次元に生き続けるためにあると思われます。

彼らは、学者たちが精霊信仰と呼ぶ共通する世界観を持っていました。仲間との一体感と、人間を超えた大いなる次元との接触は同時発生することがほとんどで、その維持と伝達に、踊りは不可欠な柱となっていました。それゆえに文化の中心に位置していたのです。

こうした共通土台に舞う人々の踊りには、さらには個人の体使いや集団構成の微妙な点に至るまで高い共通性を見いだせます。

なぜ、まったく違う地域に住むそれぞれに独立した文化をもつ人々が、これほど共通する舞踊行為を行うのでしょうか。

彼らの踊りの間に高い共通性が見られるという事実は、彼らが個人としての思考で踊るのではなく、人類普遍の土台である何かが彼らを踊らせていることを示唆しています。

そこに流れる共通性は、何らかの必要条件を満たしているようにも見えます。

彼らの踊りに見られる性質は、人類という範疇を超え、生命としての先天的性質が引き寄せているように思われます。

自然界の森羅万象は必要ゆえに存在します。

小さな子供のあそびや好奇心による行動もそうです。それは、大人になって必要な能力の獲得のためにあり、子供は本能的にそれを知っています。

これを人類史になぞらえると、彼らの行為は、人類の健全な成長にとって欠くことのできない要素であったのではないでしょうか。

実際、そこに流れていた共通の創造性と、現代の私たちの幸福度の度合いとには、明確な関係を見いだせます。

人間の幸福度には
天地の差があります。
何から何まで満たされていて
毎瞬毎瞬が幸せで幸せで
しかたがないほどの人もいれば
何から何まで辛く虚しい人生もあります。

多くの人は
幸せは外的偶発で決まると思っています。
しかし
すべての本質は次元で決まるという発想があります。

たとえば、
人間が最も幸せに生きることのできる次元を
老子はタオと言いました。
誰もが無為に至ればタオに至ると彼は言います。

理性で到達できない幸せ次元に至る

自然と共に暮らす人々の踊りは、彼らが無為であることと密接な関係がありま
す。

無為とは何なのでしょうか？

勉強や知識の習得で育ち、バーチャル世界ばかりを目にしている現代人は、おそらく歴史上、最も無為になれない人種かもしれません。

文明社会では、無為とは反対の有為、つまり個人の意志が要求され、個人の意志をより強く、より明確に主張する人が優秀と見なされます。

しかし、自然と共に暮らす人々は、個人意志とは次元の異なる心の使い方を学ぶ場がありました。

それが、踊りの場であり、彼らの踊りには無為を学ぶための要素が凝縮されて

いたのです。

文明社会では、精神病患者が増加する一方です。診断を受けていない人まで含めたら、かなりの人が心の病に冒されていると言われています。

そしてこのような事態に対処するために様々なアプローチをも現代社会は生み出しました。

正当的なカウンセリングから、超心理学的なものに至るまで、次々に新たなものが考案されてきました。

しかし、こうした現代人の心の世界への画期的に思われる、次々に生み出されるアプローチ自体が、自然と共に暮らす人々の目には、不自然な有為行為にしか見えないでしょう。

知識、知識で育ち、観念的世界に生きている現代人は、心を心（観念）で操作することしか知らず、有為に有為を重ねます。

よかれと思うその努力も、観念世界を増大させるだけであることがほとんどです。

潜在意識へのアプローチによって、心の世界の一部を変えることはできるかもしれません。

しかし、それは人間の真の本質なのでしょうか。

私は、人類の原初的舞踊が、宇宙との共鳴を体ごと実現する役割を果たしていたことを実体験で確信した経験があります。

心からのアプローチとは違い、体からのアプローチは心の真の本質にダイレクトにつながります。

現代人は、心が人間にとっての本質であり、体は物質にすぎないと考えますが、体には、心理的アプローチでは入ってゆけない心の領域への扉が潜んでいることを人類初源の文化は教えてくれます。

アニミズム的社会の人々の踊りにはある種の法則性があります。その普遍的法則性は、体を通して深い領域につながる法則性と言ってもいいものです。

宇宙や自然界は、互いに見事な関係性のもとに運行しています。

地球が太陽の導きによって生命を育む四季を奏でるように、私たちも自然な心にあれば、あるべき方向へと自ずと進むように出来ているはずなのに、その自然な心を失うと、周囲の存在との間にずれを生じ、状況的にも運命的にも苦しい偶然が重なるものです。

現代人はそうしたずれに巻き込まれていない人はいないと言っても過言ではありません。

とは言え、自然な心をと言っても、何をどうしたらそうなれるのかが、現代人にはまず分かりません。

自然な状態自体が分からないのです。

しかしよくしたもので、天は、どんな時でもそれを把握できる道具を最初から人間に与えています。

その道具に、あまりにも身近すぎて私たちは気付いていないのです。

舞いの目は、
空間を躍動させるものたちを観る
風に宿り　羽衣に宿る
私たちを躍動させるものたちを観る

悠然とした体は美しく
見ていて気持ちのいいものです。
そして
他の人をも幸せな気持ちにさせます。
語らずとも、体はすべてを語ります。

もしも広大な心の人が
びくびく、いらいらとした人の体と入れ替わったなら
窮屈さと、不快を感じるでしょう。

古代に遡るほど
人間は、心よりも体によって
人間という存在を掌握していました。

体は宇宙につながる無二の受信機

太古の人々にとって、踊りとは、自然界のリズムと共鳴し合う行為でした。

自然界のリズムと共鳴する体は、気持ちのいい体です。

人間には、宇宙の本質につながるアンテナがあります。

何をどうしたらよいのか、すべてを教えてくれる放送局につながるアンテナです。

しかし、現代人はそのアンテナが働かなくなっています。

自然界のリズムと同じリズムを奏でられる体でなければそのアンテナは働かないからです。

これは、すべての道路状況を把握できる完璧なナビにもたとえられます。

いや、ナビどころか、そのナビに連動する自動運転装置までもが人体には備わっているのです。

この自動運転装置が作動している状態こそがタオなのです。無為を忘れた人類の生き方は、その優秀なナビを働かせないままで、自身の記憶と目に見える視野だけを頼りに運転しているようなものです。迷ったり、渋滞に巻き込まれたりしない方がおかしいのです。

そしてそのナビを長く使わないでいたため、どう電源を入れたらよいのかさえ分からなくなっているようなものなのです。

あるいはもっと言えば、私たちの生き方は、ただ単に自分の力で運転しているだけでなく、0・1の視力で運転したり、わき見運転をしたり、そんな危険な運転ばかりをして事故を起こしているのです。

体のどこにどうアンテナが備わっているのか、そしてそのアンテナにつながるナビはどうしたらスイッチをオンにすることができるのかを、ぜひ知ってほしいと思います。

日本最古の物語『竹取物語』には
月の都から来たという
天の使いたちが出てきます。
苦という苦を超えた
輝くような天の使いたちは
地上五尺の位置に浮かんでいたと
記されています。

こうした無重力表現は
何を意味していたのでしょう?

人間の幸福次元は
重力と深く関係しています。
幸福次元の低い人にとって
重力は
どんよりと重い束縛です。
高度の幸福次元にある人にとって
重力は
大地が自らの内に抱こうとする
愛そのものの力に感じられます。

重力は本来、重さではなく
ゆるぐことのない導きの力。
地球という母なる大地の愛を
まっすぐにいただくことのできる存在へと至る時
私たちの中に自立空間（自在力）が生まれます。
これが軸力の成立です。

宇宙は、一見束縛に見える力によって
束縛とは逆の力、すなわち
自在性を与えるのです。
私たちの中枢は、
重力という愛によって育つのです。

私たちは、最初から
偉大な愛の内にあります。
そして、私たちの体には
天使的次元へと進む種子が
ありがたくも
最初から付与されているのです。

天使的次元の体となるために

人体は小宇宙のようなものです。

小宇宙ですから、宇宙のあらゆる法則や性質は体の中に内在されています。

だから、体の宇宙を把握すると、私たちは宇宙のあらゆる法則の本質を把握します。

この把握は、ちょうど自転車に乗るのと同じようなものです。

自転車のバランスやコントロールをいちいち理性で計算して行うことがないように、宇宙の原理は存在自体で掌握するより他にないのです。

宇宙のあらゆる法則は、たった一つの原理から生み出されます。

愛の関係を生む法則、不調和な関係を退け、必要な物事を引き寄せる力、その他人生を左右するあらゆる法則や力の成立は、たった一つの宇宙の原理に忠実であるかどうかで決まります。

この本質の本質を把握しないで、心の世界に表れてくる結果的法則を現代人は本質と思い込んであれこれと追いかけています。

これが有為なのです。

思考の次元は二元の次元です。

一元次元を掌握しない限り、二元次元（現象界）は本当には操れません。

一元次元は、人体では軸で象徴されます。

右手左手といった外的機能は、人体の小宇宙では、二元次元を象徴し、心の世界における思考や思想に相当します。

この関係が成立している体は、現代では極めて稀です。

太陽系はスピンし、その中心に私たちに命を与え育む太陽があり、そこには巨大な磁力が貫かれています。

原子や素粒子にも見えざる軸があり、宇宙のあらゆる基本単位は、その中心に、外宇宙と共鳴する軸力が流れています。

人間が、自身の中でこの中枢を把握する時、一元次元につながります。

これが、一芸を極めた者が諸芸に通ずる奥義でもあり、体によって心の世界や人生の流れが変容する理由でもあります。

これが狂っていると、人間においては、心の世界も人生も狂います。

たった一つの宇宙根本原理の中に、物質界と非物質界を貫くすべての法則の大元が秘められているのです。

流れるように
導かれ
あふれるように
動き出す

誰がこの体を
舞わせるのだろう

隅々まで輝く
このエネルギー
この美しさ

どなたがこの体を
舞わせているのだろう

光の精と　たわむれる
悦びに溢れた　自由な体

わたしは水の精
あなた方を舞わせるために
ひそやかに舞い続ける

宇宙との関係は男女の関係として表れる

一人の人の人生に起こることは、人間誰にも共通する何かを示唆していることが少なくありません。

Uさんは、高校の頃からクラブで踊り、その後もクラブで働いた経験があるそうです。

クラブでは、多くの男女が出会いや愛を求めていました。

クラブに限らず、私たちの社会は愛を求めている人ばかりです。

Uさんは、クラブで一時しのぎの愛には出会っても、魂が真に喜び、永続するそれには出会えないでいたと言います。

これも、クラブに限らず現代人一般の傾向のようにも思えます。

クラブで踊っていると、陶酔感が生じ、何か日常生活とは違う世界が人間にはあると感じさせてくれます。

その奥にある日常生活を超えた何かを求めクラブに通い続けたけれども、その何かに至ることができず、一人になると虚しさをより切実に感じるようになったとUさんは言います。

そして、クラブを運営していた時にも、Uさんはその何かに迫るかもしれないような様々なイベントを試みたといいます。

それでもその何かの世界は実現できず、あきらめるしかなかったということです。

しかし、求めていたその『何か』に偶然から出会うことができたとUさんは言います。

それが、わの舞との出会いでした。

わの舞を舞ううちに、魂の求めに沿う人生が実現してゆきました。

そしてさらに、考えさせられることには、それと並行するかのように、Uさんに結婚相手が現れたのです。

二人は理想的なカップルとして活動しているだけでなく、二人の影響で成立したカップルや不和な状態から調和へと至ったカップルが沢山生まれています。

実はこれは、Uさんだけでなく、わの舞を持続的に舞っている人たちの間で広く生じている現象です。

もちろん、古代の舞形式を柱にしたわの舞は、そのような目的で行っているものではありませんが、こうした現象の裏に、大切な法則が潜んでいます。

人としての本筋（軸）がしっかりと通ると、人間の意識はあるべき本来の次元に至ります。

そうすると、おもしろいもので、その人に起こるべきことが起こり、本来出会うことになっている人に出会うものです。

男女の関係は、宇宙の陰陽原理の最も直接的な表れです。

根本エネルギー（一元次元）にひずみがあると、陰陽原理にもひずみが生まれ、それは正確に表れるものです。

反対に各人の軸が整うと、自分から探さなくても、出会うべきものに出会うものです。

軸が出来る時には輪も出来るのです。

本来人間には、この見えない次元の輪が形成されていなくてはならないのです。

これが形成されないままに心や意識のみで努力しても、根本は変わりません。

Uさんのような段階に至った時に必ず起こることがあります。

それはその人自身の本来の人生の実現です。

人生の上でもその人が生きるべき元来の路線に出会うものです。

だから、男女の出会いと天命実現は、同時進行のことが多いのです。

理性でよい運命を引き寄せようとしている間はうまくはいかないものです。

有為であるからです。しかし、ひとたび軸が共鳴を起こすと、理性を経由しないでその人に必要な現象がやってくるものです。

軸の発動は、一元次元の発動です。

私たちが愛と呼ぶ働きの本質は、感情の次元を超えた、宇宙根本の働きにあります。

現代人は愛に飢え、愛に満たされていません。

結婚できない人、異性に満たされない人が現代人には異常に多い。

これは偶然にそうなったのではなく、人間としての当たり前の原点を、病的なまでに失った結果です。

人間存在としての本質（二元次元）が狂ってしまっている証拠でもあります。

歴史上、これほどまでに男女が結び付かなくなってしまった時代はありません。

男女が結ばれない社会は、調和的な社会にはなりません。

争いや競争ばかりの社会にしかなりません。

心の歪みを、私たちは、心の努力で乗り越えようとしてきました。

宗教も、哲学も、心理学も、心によって心を変えようとします。

人類の長い歴史は、その方法では幸せになれないことの証明のようなものです。

心も体（表層上の肉体）も、二元次元の存在でしかありません。

それを超えて存在の本質（真の存在としての体の本質）に至る時、私たちは本来の自分自身に出会い、本来の愛に出会うものです。

宇宙のリズムに乗る方法

精神世界の本や生き方的な本を読み、その時は分かったような気がしたり、自分がよくなったと思うけれど、何かが本当には満たされず、何冊本を読んだか分からないという人も多いものですが、私の周りには本をむやみに読むことがなくなったという人が少なくありません。

本以外にも、いろんなものを欲しなくなるものです。

自然と共に生活する人々はみな質素です。知識や情報の中に埋もれるように生活したりしません。

とりわけ現代はネット中毒や言語（活字・会話）中毒にかかっている人が沢山います。

毎日何らかの情報を得ないと心が落ち着かない。

会話をしていないと落ち着かない。

現代人の会話のほとんどは観念世界に入り込む二元的な会話です。

そうして、バーチャルの世界だけを知らずの内に拡大して生きている人が沢山います。

真の実在に共鳴するのではなく、観念の世界に生きているのですが、本人にはそれが現実と見えているのです。

あるべき本来のものが欠落すると、人は無意識にそれを補おうとします。

この働きが、このような依存症を生み出します。

映像、画像、文字ばかりが氾濫する現代に生きる私たちは、本来のものとよく似た代用品（バーチャル）を追いかけないではいられなくなってしまい、天来の現実に生きられなくなってしまっています。

女性を必要とする男性が女性の映像ばかりを求めてしまうのはその典型です。

代用品をいくら集めても幸せになれないのは当然です。

それどころか、そうして形成されたまさにその観念が、その実現をはばんでいるのです。

現代人は、幸せでなくなると、本で幸せを追求したり、ネットの世界に何かを求めたり、しかし、そうしてもそうしても、ますます満たされない何かを増大させ続けます。

これは、映像で女性との関係を満たそうとする男性と同じカラクリです。つかんでいるものも本物ではありませんが、その方法自体が問題ですから、求めている『何か』に至れず、ますます病的になってしまうのです。

自然の中で暮らす少数部族の人々は、現代人が知識を得たり、人為的な心の努力を払ったりする時間のかわりに、日々踊っていました。

文明人は、それを無知と思うかもしれません。

しかし、その姿の裏にこそ真の叡智があります。

彼らは観念を用いずに実在を用いるのです。

文明人は、体と心を別々にとらえ、心を体の上位に置こうとしますが、彼らはそうした二元的な認識をもちません。

本来、人間の体と心は一対のものです。心の状態は必ず体のそれとなり、体の状態も心のそれとなります。アニミズム社会である彼らは、体というものを霊性そのものとして畏敬します。そしてその神聖な体というものを通して個人の魂をいかにしたら飛翔させられるかが、彼らの踊りの本質なのです。見かけは同じように見えても、現代人が踊りと思う踊りとはまったく別次元です。

彼らの目には、現代人は誰も踊ってはいません。時代の先端を行く舞踊家も、フリーダンスに興ずる人たちも、彼らの目で見たら、肉体の運動をしているにすぎないでしょう。

文明人は踊りを振り付ける時、個人の思考で型をつくります。それに対し、彼らの踊りに見られる世界的普遍性は、彼らが個人の思考で型をつくっていなかったことを裏付けています。彼らは個人を超えた領域から型をつくります。

そうでなければ高い共通性は生まれません。

その共通性の奥に、宇宙の普遍次元につながる秘密があるのです。

現代人は、踊りにおいても個を主張し、個性に向かおうとしますが、なおも何かに束縛され続けます。

彼らは、途方もない個性からスタートするにもかかわらず、その最奥に絶対的普遍性をとらえました。

その普遍性こそ、宇宙の原理なのです。

彼らにとっての型は、内（軸）から発動するその発動を促すパターンであり、それは解放次元への扉としての役割を純粋に果たしていました。

彼らは、宇宙根本原理に共鳴する、その型をかたどって子孫に伝えます。

それが彼らの唯一の教育です。

彼らの踊りは、一見、誰にでもできそうな簡単なものに見えたりします。

しかしこれは、歩くことができるからというだけで、他人も同じ歩き方で歩いていると錯覚するのと同じです。

人間の立ち方、歩き方は人によって天地の差があり、立ち方、歩き方一つでその人が分かります。

そうしたレベルでの型が、本当の意味での型なのです。

そうした微妙な違いがものを言うレベルの型であるほど、すべてに通ずる普遍的法則性は大きく、精神への影響も大きいのです。

微細で、とらえがたいレベルの型であるほど宇宙的なのです。

踊りの把握とは、体の把握であり、宇宙の法則の把握です。

体が真に踊りだす時、心も魂も踊りだし、その人の人生が踊りだします。

宇宙のリズムに乗るのです。

いつまでも消えない
小さな痛み
いつまでも残る
大きな傷跡

そんなこころを
持ち寄りながら
なんども　なんども
輪をつくる

いつしか訪れる
大きな調和
思い出す
なつかしい記憶

ことばで言えない
一つを感じたとき
ことばを超えた
深いささやきが聴こえてくる

私たちの痛み
私たちの傷

すべては
おおきないのちが抱えた
長い歴史の尊い響き

ともにゆだね合い
ともにわかち合い

なんども舞い
なんども踊る

はるかなる命へと

第二章

体はいかにして宇宙の法則を把握するのか

（この文章は、２０１３年6月に行われた初心者のみを対象にした、わの舞講習会の録音を元にしたものであるため、指示語のさす内容等が不明確な箇所がありますのでご了解ください）

人体中心軸こそすべてのカギ

今、この空間を感覚で覚えておいてください。

どんな感じにここが感じられているかです。

終わった時にこの空間がどんなに変化しているかを体験していただきたいと思います。

古代からあると言われる様々な踊りがありますけど、実際にそれを見たり体験したりすると、本当の古代の要素は、特に太古の時代の神聖な舞踊の深い要素は、ほとんど失われているのが分かります。

ふだんの生活も世界観も古代とはまったく異なる現代では、神聖舞踊の本質まで維持されるのは難しくなるのだと思います。

わの舞では軸というものを大事にします。

これは、日本で『柱』という言葉で象徴されてきたものです。
日本では、神社や古代の儀式などで、柱というものを特別視してきました。
わの舞の基本の舞、御柱の舞の、御柱というのは、神聖な軸を意味する言葉です。
古代の日本の人たちは神様を数える時に、一柱《ひとはしら》、二柱《ふたはしら》と数えました。
これは存在の命となる霊力が存在の中央に垂直に宿るという認識からです。
古代の日本には柱を神聖視する儀式や習慣が沢山ありました。
最も身近なものとしては、大黒柱の信仰がそうです。
家の中心に一番大事な柱を設定します。
一個の家という空間を司る一番の中心を設定するのです。
一つ一つの家に御柱があったわけです。
一つの空間には必ずセンターが存在するという宇宙観。
これが縄文から続く、日本人の宇宙観の根本にあるものです。
建築に限らず、日本古来の文化の核心には、この具象的な一元宇宙観があります。

古代の日本の舞の世界は、まさにこの中心軸による一元的宇宙観の生きた伝承でした。

現代の能や巫女舞や能には、この精神の一側面が受け継がれています。

個人の中に宿すべきものを宿し、集団の中に宿すべきものを宿す、これが太古の人たちの行おうとしていたこと。

一人ひとりの中に御柱が宿る、そして集団の中に御柱が宿る、宿るための原理、法則があるんです。

それを御柱の舞では一つ一つ体で把握していくのですが、一日でそれを把握することは無理なんです。

今日は、何となくこういう踊りであり、何となくこんな感覚を感じたなということだけで充分だと思いますので、それを見て感じていただけたらと思っています。

なぜ軸なのかというと、それは、宇宙とは何かという本質につながります。

言うまでもなく、宇宙はスピンで成り立ちます。

スピンは必ず軸を生みます。

古代の踊りは、この宇宙の本質の原理を体ごと把握しようとするものでした。

これは、日本だけでなく、世界的に見られ、かつて、人類共通の真理であったことが分かるのです。

エゴは何のためにあるのか

――エゴは本来、存在に不可欠な宇宙の軸力

大宇宙の軸と、私たちの体の中に流れる軸は、基本的に同じ性質をもっています。

軸にしっかりと滞りなく流れるべきものが流れた時、私たちは外の宇宙に共鳴します。

これはちょうど人体が発するべき本来の音を発するようなものです。

原子の世界と同じで、共鳴するということは、私たちが外の宇宙に身を任せるというだけではなく、同時に私たちからも外の宇宙に働きかけるという、共鳴作用が起こります。

私たちが宇宙の働きかけ通りに身を任せるように、宇宙も私たちの響き通りに身を任せてくれるということです。

内なる世界と外なる世界が一致する。

そういう度合いは、この軸のあり方に正比例します。

実は、この働きをブロックさせているものが、私たちの中にあります。

流れないように、本来の共鳴がすぐには起きないようにブロックされている。

ちょっとたとえて言うと、神様が人間を１００％幸せな存在につくろうと思ったとします。

でも最初からそうさせたとしたらすべてがロボットのような立場になってしまいます。

そうならないよう、それを自分の力で達成できるように神様は計画します。

何でも望み通りに創造できる魔法の杖が神様の贈り物ですが、自分の力でそれを獲得するために、簡単に手に入らないように、その周りにブロックを沢山用意して、すぐにはそれにふれられないようにしました。

それで、私たちは一個一個ブロックを外すごとに何かを学び、全部外し終わると中の魔法の杖を手にします。

その杖は、大地に垂直に立てる時、世界の中心となって自在の力を発揮します。

このブロックに当たるものが、体の中に実はあるんです。

それは我々の個人的な意識から生まれます。

そのブロックが外れていく度に、我々は、一般的な言葉で言うと、むだなこわばりが一つ一つ抜けていくんです。

私たちはエゴ感情を克服しなければ幸せになれないように出来ていますが、そのエゴ感情は、実は本来的に確立されるべき自己中心性が確立されていないがゆえに発生します。

本来あるべき自己中心性を手にできていない間は、相対的な自己中心性を生み出してしまうのです。

たとえば男女関係で相手の言動に心がゆらぎ、感情が爆発してしまうのは、ゆらがないだけのどっしりとした心の軸、つまり何者にも依存しない自身の絶対的な中心軸が確立されていないからだということが分かると思います。

絶対的な中心性の確立は、広大な包容力を伴うように出来ています。

エゴのある間は苦痛を伴うのは、存在は、この絶対的な自己中心性を確立させようとしているからです。

真のエゴの克服は、絶対的な自己中心性の確立でもあるわけです。

自己中心性を敵視してエゴ感情をなくそうとしても敗北に終わるのはこのためです。

宇宙は、実のところは絶対性を確立させようとしているのですから……。

真の母性性も、真の父性性も、その本質は絶対的な自己中心性によって確立されます。

エゴを敵と思っている人は、どうしてそれが最初から人間に与えられているのかを、考えてみてください。

宇宙はむだなものを生じさせません。

エゴがよくないからと、人為的によい感情をつくり上げようとして二重人格的になってしまっているのが近年の人間の姿です。

古代日本人は、エゴを敵と見なす観念をもちませんでした。

そしてそれによって高い徳性を実現させました。

中心軸の確立は、二重人格的でない自然体の心をもたらします。

二重人格性は、二元性の表れです。

多くの思想や宗教で二元的にエゴ否定が教えられているのは、エゴの本質が見えていないからです。

この、絶対的自己中心性は、重力というものの本質そのものです。

重力の把握とエゴの克服は同一であり、同時進行で起こります。

心と体は一体であり、同じ本質の表れであるからです。

重力は、宇宙の中心性であり、同時に愛の本質でもあるのです。

エゴを本当に克服した場合、気が付かなくても必ず、重力の把握が体の中で生まれます。

それが生じない間は、克服できたと思っても感情の抑制でしかなく、いつか反動が起こります。

克服とは、自分のものにすることでもあります。

エゴ感情が生まれる状態にある人は、それがどれほど、どういうカラーで存在するかが、すべて体にその通りに表れています。

これも本質は体の重力への対応関係で生じます。

分かる人には体を見た瞬間に分かるものです。

本人には自覚できない微妙なレベルのエゴも、体には正確に表れています。

(数人を例に体の状態と心の関係を指摘、修正する)

軸エネルギーを流す方法

――古代舞踊の真髄は軸にある

(全員で重力ラインにつながる立ち方を学んだ後で)

両腕をみぞおち辺りの前で円形に保つ。

中指を反らせる。

腕の内側と背中に連動する張りをつくる。

この状態の時、押されても後ろに倒れない。

力を入れるのではなく張りをつくります。

この状態の時は指から気が出ている状態。

この時中心軸にも気が通りやすくなっている。

この中心軸の気というものは自然治癒力の基本でもあります。
背中がすっと伸びている人は、指先からも気が出ている。
他の人をも癒しやすくなる。
体から見えないエネルギーがどう外界に流れ影響するか。
それによって空間がどう変化するか、踊りの基本は本来的にそういうもの。
見かけ上綺麗かどうかではないんです。
中心軸自体を直接に制御することは経験のない人にはできないんです。
そのためスイッチの役割を果たすのが、腕と足です。
中心の気は枝分かれして腕、足にも流れています。
腕、足の感覚はとらえやすいんです。
それで足、手に軸のエネルギーを流すとここ（中心軸）が把握しやすくなります。
これが人体を掌握していく基本の入り口です。
軸のエネルギーを流すためにはここの内側のラインに気が流れる足の使い方が

必要。

御柱の舞の最初の基本はこのラインを把握することから入っていきます。

ここのぴったりくっつくラインに軸ラインがあって、中心軸からまっすぐ下のこのラインを使って歩くと、どういう歩き方でも中心軸が通りやすくなります。

中心軸が通ると、静寂な気が生まれる。

軸が通っていない状態で行動すると人体の内側も外側もワサワサします。

不協和音が飛び交うような状態をつくり上げているからです。

そういう人の体や周囲の空間は、安定していませんから心も安定しません。

一つの音楽のように統一されなければ本来ではありません。

体本来のエネルギーのリズムを奏でるだけで、結果的に自然と空間が整えられます。

この行為には、一般人が想像するよりもはるかに大きな意義があります。

見えない領域に気付いても、多くの人は、思念の力でそれをコントロールしようとしてしまいます。

たとえば憎しみがよくない作用をもたらすからといって、それを心の力で何とかしようとする人がいます。

意志によるコントロールでは、一時的によくなるように見えても、必ず元の不協和音の状態に戻ります。

人間の変化は、表層の次元であるほど早く、本質の次元であるほどゆっくりです。

表層のものほど分かりやすいため、本質がわからない人は、表層のものにたよりがちになるものです。

しかし、表層の変化では本質は変わりません。

本質からの変化はゆっくりに見えて、一番の近道なのです。

たとえて言えば、思念が匂いだとすると、体はその匂いを発する母体です。

強い風を起こして匂いを吹き払うことは簡単ですが、体がそのままであればまた匂いが発生してしまいます。

真によい香りになるためには、体自体をよい香りの母体にする必要があります。

人間の本質は空間体です。

体と言っても、大切なのは、空間体としての体です。

空間体としての体が統一されると、周囲の空間も統一されます。

存在の本質は空間であるからです。

空間をどういう次元のものにするかということが、古代の人たちが様々な宗教儀式を行った一番の原点です。

それが時代とともに違うものに変わっていってしまった。

古代の、とくに儀式的な舞というものはそういう性質があったのです。

古代の踊りに近い踊りはいくつかあり、イスラム教のスーフィーの踊りは、円形で踊っていて、それに近く見えますが、本質的な法則は網羅されていません。

逆に、非常に洗練された現代の舞踊と思われている舞踊の中に、その一要素が踏襲されているものがあったりもします。

私たちは原点につながるとすべてにつながります。

地球の重力と同じです。

重力は、原点につながる力の象徴です。

地球の重力はすべての存在を一点に向かわせます。

見えない糸で地球の中心にすべての人がつながっています。

すべての存在がつながっています。

中心軸というものは本来存在の原点につながる力です。

まっすぐに立った時、このまっすぐなラインはどこを射止めているかというと、地球の中心でしょう。

軸というものはそういうものです。

この本質に本当につながったら、すべての存在と共鳴し合えるように存在は出来ています。

これを一人だけでなく全員で成就させることが人間の社会には必要で、そのために不可決な法則というものがあるのです。

なぜ古代の人たちがあれほど、柱というものを神聖視したかがそこにあります。

もちろん、生命は進化する存在です。

人類も歴史とともに進歩するはずです。

温故知新という言葉がありますが、原点を大切にしながら、片方ではより洗練された方向へと向かうことが私たちには必要です。

原点につながるということは、昔に逆戻りすることではありません。より洗練されながらも原点を失わないということです。

意識次元昇華のスイッチはどこにあるのか

――心の力では心の本質は変わらない

今時代が、不安定な状態に入っています。

人類がどういう方向に向かうか分からない時代。

こういう時代だからこそ、私たちは同じ原点を共有し合うべきだと思います。

共有し合うものがなければ一つになれません。

私たちは地球の裏にいてもどこにいても、本質は同じ地球の中心につながっています。

重力の本質は、愛の本質そのものです。

思念レベルの愛は恒久的な調和を達成することができません。

愛をかかげる思想や宗教が結果的に争いを生み出すのは思念レベルの有為の愛であるからです。

思念レベルを超えた愛を把握する必要が私たち人類にはあるのです。

それを把握するということが軸を把握するということであり、御柱を立てるということです。

御柱が立つ時、必ずその周りの空間は静寂に静まるものです。

空間に乱れがあった場合、それが整えられるからです。

これは西洋の人たちの言う博愛とはまったく次元が異なります。

個人の作為的な意志や価値観は混入しないままに一つに調和する場を生み出すのです。

今、パワースポットとかいう言葉が流行ってあちこちの聖地を巡る人たちが増えています。

古代の人たちが、聖地化した所が多いのですが、そこを整えるだけの軸力のない人たちがいっぱい足を踏み込んで、何かを得ようとしているのが個人主義の現代人です。

私たちは私たちの御柱によって、整えられていない空間を整えていくことができます。

空間を整えることこそ、古代の日本人が行っていた愛を超えた愛の実践だったのです。

現代人は、過去の聖地に自身の思念や潜在観念を混入させてしまっています。

これは、祖先の人々を真に尊ぶ行為ではありません。

私たち現代人が当たり前に思っていることで、大きな間違いは、人間の生き方はここ（頭）からスタートすると思っていることです。

人間は思いや感情からスタートすると思っています。

これが有為なのです。

あるいはよくて心からスタートすると思っています。

でも、思考以前の心の働きさえも本質ではないのです。

私たちは空間から生み出された存在です。

直接的には大地から生み出されていますが、そのすべての本質は空間にあります。

ですから本質である空間が歪んだら、私たちの心は歪みます。

感情も歪みます。

思念も歪みます。

空間が整っていたら、整った空間の中では小さな子はほっておいても必ず豊かな感情に育ちます。

大人も同じです。

心、感情、思い、思念は本当は結果でしかないんです。

結果を結果でいじっても本質は何も変わりありません。

それ以前があるんです。

それ以前を私たちが掌握できるようになった時、心も本当の意味で掌握できるようになります。

コントロールできない、あるいはすることが不可能に近いような心の歪みがあるでしょう。

そういう部分にも体の自然治癒力と同じように自然治癒力が働きます。

それが働いていないままに、どんな心理的テクニックをいくら使ったとしても長期的にはむだなものです。

その心の自然治癒力を働かせる本質が軸にあります。

宇宙につながるここが働けば、私たちは体を健康にする自然治癒力だけでなく、心をも健全にすることができる自然治癒力を生み出せます。

心が健全であって初めて私たちは調和的な世界をつくることができます。

わの舞は、空間の踊りであり、空間を操る体術のようなものです。

不調和なこの世界に、今までにない新たな空間を建築していくことが必要です。

わの舞はその意味で建築家集団です。

見えない次元の建築なのです。

かつて歴史の中で、これに近い観点で時代の変革を目ざした人々がいました。

彼らはかなりのレベルまで到達しました。

しかし、失敗に終わり、その力を悪転させてしまいました。

それは、彼らが原点を見失ったからです。

現代の私たちは知識や理性で物事を改善しようとしすぎます。

もっと本質から、存在のレベルから私たちはすべてを創造し、調和させる方法を獲得しないといけない。

空間を制御できなかったら、私たちは何も制御できないんです。

(何度か踊ってから)

踊れば踊るほど、空間が静まっていくのが分かるでしょう。

これを繰り返し繰り返しやっていくと、人間がいなくてもここの空間自体が違ってきます。

明日になっても明後日になっても、この空間の静寂は残っていると思います。

どれほど持続するかをこの会場を使っている人には感じ取ってもらえたらと思います。

人生に問題はなぜ発生するのか

――宇宙が促す軸修正作用

宇宙はスピンから生まれます。

太陽系も地球も、原子も素粒子も、スピン運動を基本とし、そこから整然とした法則性と存在が誕生します。

これが存在の基本です。

私たちの体のエネルギーも実際にはスピンです。

これが歪めばすべてが歪みます。

心の世界もこれと同じ構造性をもっています。

ですから、原点が整然とすれば、私たち個人個人が抱えている個人の悩みや壁、そういうものも結果として乗り越えることができます。

それをおろそかにしたまま、目の前の現実をクリアしようともがいても限界があるのです。

原点に立ち返った時、私たち一人ひとりが超えられない問題、壁、悩み、そういうものを私たちは超えることになります。

『問題』や『悩み』とは何かと言うと、私たちが原点から外れた時、もう一度私たちを本来の姿につなげようとする促しのことなのです。

つながらないと超えられないように出来ているんです。

私たちは、生みの親からの恩恵を断ち切って生きたら様々な問題にぶつかるように出来ているんです。

原点を大切にして、お母さんお父さんを尊ぶように、私たちを生み出した奇跡的な力と共にあゆむ心があったら、一つひとつの問題を自ら解決できるように最初から仕組まれています。

どんな問題も壁が生まれたと思ったら原点に立ち返ること。

それでも解決できなかったら、もっと原点に立ち返る。

それを思考ではなく、存在ごと行うのです。本当に体ごと人間としての存在の原点に立ち返ったら、あらゆる問題は解決します。

その立ち返りは、思考や思念ではできないのです。

ここ（頭）で学んだものは忘れ去ります。

一時的な次元なのです。

体で学んだものは残ります。

魂の記憶になります。

存在ごと学ぶ時代を、私たちはもう一度取り戻さないといけない。

大地につながる体とは

――地球のセンターと人体

私たち現代人は、人間を育てるものは人間だと思っている。
でも古代の人たちはそうは思っていなかったんです。
人間を育てるものは、まず一番大元のお母さん、大地です。
大地が私たちを育む。
これはまったく間違っていない。
この地球上には何も生命がいない時から大地がありました。
大地だけがある。
そこから命が誕生する。

大地の成分の一部が変化して命が誕生したことは、まぎれもない事実です。生命は、大地が進化し、形を変えた姿です。

私たちの本質は、大地以外の何者でもないんです。

私たち人間は忘れていますけれども、常に大地に育てられている。

これは私たち自身の祖先に育てられているということであり、食べ物の恩恵をいただくという意味だけではないんです。

魂、精神の働き、そういったすべての根源を大地はもっていて、私たちを育てているんです。

いかに健全な精神が育てられるか、いかに尊い魂が宿されるか、それをもたらす根源はすべて大地にあります。

私たちがそのような観点に立たない限り、私たちの魂は健全には育たないものです。

古代にはそれをそのままに認識していた人々がいました。

でも時代が進み、教育という観点がヨーロッパで生まれ、これは生まれざるをえなかったものなんですけれど、それによって人間は人間によって育てられるんだという観点だけになってしまった。

自然が育むものは食べ物だけだと。

心は人間が育てるのだと。

そうではないんです。

私たちにとって一番大切な、目に見えない魂の本質の働きを育むものが大地にこそあることを、私たちは忘れてはいけません。

大地の時の流れは恒久の時の流れです。

大地の時の流れと一つになると、魂の本質の働きが蘇ります。

刹那の時間に生きている現代人的あり方から、恒久の次元で生きられる人間本来のあり方となります。

どこの場所で舞うかということは、どこの大地に抱かれ、育まれるかということ。

どこに住むかということも、どこの大地に育てていただくかということ。

軸とは、大地と、心とを結ぶものです。

わの舞の一つひとつの動きは、大地にどうつながるか、大地から何をいただくか、すべてそれなんです。

私たちの体の中にある一番メインに流れる生命のセンター、そのセンターは大地につながる臍《へそ》の緒のようなものです。

これが大地にしっかりとつながることのできるものであるか、大地からの栄養を享受できるものであるかどうか。

それが、何よりも私たちの魂が健全であるために大事なことです。

その間にブロックがあってはいけない。

現代人は、ここに無理な力が入るような体使いばかりしています。

子供の頃から外で遊ばないで机に向かっているでしょう。

勉強、読書、パソコン、ゲーム、ずっとここを固定させ、流れが生じないままで育っています。

本来、解放されなければいけないところを固定させたまま、大地にふれないで育っています。

（踊ってから）

自分の体がこんなに気持ちよかったのかと思うでしょう。

それだけふだんが、気持ちの悪い体なのです。

気持ちのいい体の人と、不快感が生まれる体の人、その差は一般の人が想像する以上に大きく、非常に大きな差があります。

毎日が幸せでいっぱいと感じている人、楽しくて仕方がないと人生を感じている人は、必ずここに上昇エネルギーが生じているんです。

何かが不安で仕方がないという人は、ここに流れがありません。

必ずそうなのです。ぱっと見て分かります。

もちろん他にも人によって様々なブロックがありますが、ここは要《かなめ》なので共通です。

このような、大地という原点につながらない体のコンディションの時、心にも同じだけの状態が生じ、人と人との出会いや関係性にもブロックが生じ、人生はうまく回転しないように出来ているのです。

神道や禅の奥にあるもの

――アニミズムの真髄を踏襲した日本人

本来生命は気持ちのよい状態。体が気持ちよくないというのは、心の本質もどこかが不自然なのです。

現代の我々はいろんなことで不快に感じてもそれに耐えて、頑張って、そんな習慣が子供の頃から身についているので、不快な体の状態が当たり前になっています。

自分が普通と思っているレベルが不快なレベルになってしまっています。

自然な体になった時、私たちはここにいるだけで幸せに感じます。

それが私たちにとって一番大事なことです。

「あれ買おう、あれ欲しい」そういう状態は、自身の幸福感が枯れているからです。

幸せ度が低い人ほど、渇望感からいろんなものを求めようとします。

あるいは他の人を自分で気付かない内に傷付けようとします。

満たされていないから外側のもので満たそうとする、あるいは自分の不快レベルに他人も引き落とそうとしてしまうのです。

ぼくが基本にしているのは、禅や神道を生み出した、もっと大元の原点です。

そうした観点で見たら禅は現代文化です。

そういう現代文化を生み出したもっと古代の原型。

禅のような体と心が一つという精神文化を生み出す力となったものが日本にはその前からあったのです。

禅と神道は宗教としては異なりますが、ある意味では同じ所から来ています。

心と体が一つ、言葉で導かない、型によって心を培う。

それは日本人が仏教伝来よりも以前に獲得していた人間のあり方です。

禅や神道は教義をもたない宗教と言われますけど、それらを生み出したその一番の原点、それを生み出すことのできる力となったもの、その原点こそがこれからの日本に必要なのであり、形としての禅や神道ではないというのが私の考えなのです。

私たちの基本は宇宙と同じ。

体の基本も、心の基本も、たった一個です。

愛の原理も、陰陽の原理も、全部の原理の本質はたった一個です。

原点を極めたらすべてを把握できるんです。

本をいっぱい読んで◯◯の法則って頭に詰め込んでも、頭はすべてを消化しきれるものではないです。

それは西洋式のアプローチです。

原点を極めたらすべてを掌握します。

原点を極めなかったら、私たちは何を努力しても長期的にはむだに終わります。

イメージ的アプローチも二元次元です。

わの舞の踊りの基本は、自分の中に実際に軸を立てていくことです。

チャクラとか言われるけれども、ここ（中心軸）に本当に通っていなかったら、いくら瞑想でチャクラをイメージして意識を向けても何にもなりません。

ここがあって初めて各センターが開花します。

私たちにとってまず肝心なセンターは二ヶ所。

ここの二ヶ所のセンターが開くかどうかが軸で決まります。

最初のあゆみを、きちんとやると二つのセンターが活性化されます。

この把握は、一般に信じられているようなイメージや呼吸のコントロールでは、本当には達成できません。

思考や知識はそれよりさらに浅いレベルです。

知識や思考では私たちは変わりません。

ごく表層が変わることがあっても、すぐに元に戻ります。

イメージは存在にちょっと近づきます、知識や思考よりも。

でも近づくだけです。

イメージだけでは私たちは本当には変わらないんです。

インドの行法と言われるものもそのような現代的フィルターがかかったものがほとんどです。

存在そのものにダイレクトにアプローチすることを現代の私たちは忘れています。

自己啓発的知識の副産物として生ずる観念は、自然な人間のあり方にとってむしろ何よりも最大の障壁となります。

わの舞を続けている人のほとんどはただ単に楽しいことが理由で続けています。

楽しいから続けていたら、気が付いたら、目に見えない世界が見えるようになり、予想もしない世界に出会っていた。

そんなフロクが付いてきた。

これが自然なあり方です。

続けている間に同一人物であることが分からないほど魅力ある人になった人、そのほとんどがこのパターンです。

現代観念で何かを得よう得ようとして来る人の中には、その得よう得ようとする心理のあまり、何も得られないで立ち去ってゆく人がいたりします。

こぶとりじいさんの話に似ています（笑）。

フィルターが厚すぎて目の前に真実があっても見えなくなってしまっているのです。

実際にはフィルターの映像しか見ていないのに、現実を見ていると思い込んでしまうのです。

このフィルターだけは自分でとるしかありません。

自分で外さなければならないブロックなのです。

こぶとりじいさんの話では、欲の心で鬼の所に行った隣のおじいさんは、形は踊っていても楽しい心ではなかったために、鬼に見破られてしまい、こぶを増やされてしまいます。

こぶとりじいさんは、何かを得ようとしたわけではなく、鬼の前でただ楽しくありのままに踊れたために、こぶをとってもらえたんです。

欲のある人はフィルターも厚いものです。
そうした心の状態が踊りにはそのまま出ます。

一元力が失われると二元の世界に苦しむ

――以心伝心の世界に戻る道

（踊り終わった後で）

大陸文化の影響を受けて、日本にも、直線的文化が入ってくる。

それまではこういう円形の場を形成していたのです。

古代日本人が円形の場を形成していたのは、軸の認識があったからです。

統一的な空間を形成するだけで、心を含めた現象界はあるべきように形成されるものなのです。

宇宙のパターンと同じこうした空間づくりをしないと、魂はどこかで満たされないように出来ています。

こういう次元から入るあり方を現代の私たちは失ってしまって、その空虚感で片方では目に見えるもので満たそうとして、物、物になって、でも魂は本当に満たされないから満たしてくれるそれとは対極のものを探し、そうやって生まれたのが今の宗教や思想。

満たされないものだから、これでもかと宗教がいっぱい生まれます。そして非常識な事件を起こす団体も出てくるため、宗教はいけないという認識が片方で生まれます。

それは一面ではその通りで、もともと満たされない人たちが、それを満たすためにつくった不自然なものですから、どこか病的な部分を宗教は抱えているわけです。

でも、その反面、人間に本来必要な宗教性までも排斥しようとしてしまう傾向がその反動で生まれます。

人類はそうした分離が生まれる前には今よりもはるかに宗教性の高い生活を送っていました。

アニミズム社会や日本の古代を知るだけでも充分にそれは分かると思います。

そうしたアニミズム的な生活をする人々の姿を見ても、現代人は、何の宗教の信者だろうぐらいにしか思わず、理解が及ばなくなってしまっています。

それほど、人類としての基礎的姿を忘れているのです。

日本で一番アニミズム的世界観が生きている島の一つ、宮古島の大神島《おおがみじま》に行った時、何をしている人かと聞かれ、踊りをやっていると言ったら、踊ってほしいと言われ、踊ったことがありました。

そしたら、島の人たちの踊りへの感性がぼくもびっくりするほどだったのです。

年配の男性が人目もはばからず大泣きするのを初めて見ました。

大神島の人々は島の伝統を大切にしているため、外から来る文化の流入に対して閉鎖的に見えるほどの人たちであるだけに驚きました。

アニミズム的世界観の人同士は初めて出会ってもお互いを理解し合えるものであることを、あらためて実感させられた出来事でした。

この違いが、悲しいことに現代人には分からなくなってきているのです。

宗教や何かにすがったり盲信してしまう人たちも、宗教性まで全否定する唯物論的な人たちも、どちらも二元次元に生きてしまっていて、原点を見失っています。

私たちは原点に戻る必要があります。

人類の歴史はだてにあるのではなくて、初期の時代に営んでいたものほど私たちの心の不可欠な領域を形成しています。

人類の歴史の一番初期の段階で私たちが会得した土台がなおざりにされてしまうと、私たちの共有の土台をなくし、こうした二元的対立的世界を生み出します。

その人類の歴史の初期の時代に営んでいたスタイルの中で培われていた部分をもう一度取り戻す必要が、現代人にこそあるとぼくは思うのです。

私たちが真に原点に至れば、現代のような宗教は必要なくなります。

高揚感の危険性

――トランスでは核心に至れない

御柱のあゆみで、一本の軸が通ると、その人の周りにはシーンと静まった空間が広がります。

そうすると、お祈りのような意識に入ろうとしなくても、自然にそうした心の次元に導かれます。

体なのか意識なのかが判別できないほど深いレベルの体を制御する時、空間との共振が生まれます。

一番深い体の領域は、一番深い心の領域でもあります。

「体は神殿」という言葉があるように、一番素晴らしい神殿は私たちの体。

その一番素晴らしい神殿を現代人は物置き小屋のようにしてしまっています。

神殿を神殿のままに神殿として使う。

日本の神社には真ん中に象徴的な御柱があったりしますが、これは神殿としての命であり、人間もそうなのです。

自身が静かな空間となればなるほど、その静けさは深い祈りのようになります。

これは、心の中で何を願ったかとか、そういう思念のレベルではありません。

こうした空間でない限り、祈りはここの（頭を指さして）思念でしかありません。

こういう次元にある時、必ず私たちは深い至福の中にもあるものです。

そして必要な未来を形成させる電波を、自分でも気付かずに発しているものです。

自分だけではありません。

幸せな人は、他の人をも幸せにします。

こうした次元は、そのまま最上の祈りなのです。

軸が成立していないとこうした次元には至れないものです。

情緒的に気持ちよくなることはできます。

踊っていてハイになるとか、感動的なシチュエーションによって高揚感を感じたりとか、そうした幸福感は、容易に達成できます。

それは一時的な興奮であり、その人の幸福次元が上がったわけではないのです。

軸に関係なく興奮させることでハイになることはできますし、多くのスピリチュアルな舞踊が実際にそれを行っていますが、それは感情の興奮で変化が起こっているだけです。

空間とつながるというのはそういう変化ではないんです。

高揚したものは冷めます。

極度な高揚感は破壊的作用があり、人間の心にとって危険を伴います。

薬物によって一時的に幸せになったと感じるのとよく似ています。

しかし、それを用いるほど心は蝕まれていきます。

宗教や宗教的な団体で極度な高揚感が用いられるのは、簡単に幸せになれる素晴らしいものと思わせることができ、同時に脳の興奮が洗脳度を高めるからです。

沢山の宗教が洗脳テクニックとしてこの脳の興奮を利用しています。

真の中心軸の成立は、こうした興奮性の幸福感とは無縁です。

わの舞が、他の踊りや西洋的自己啓発と違って安易な幸福感情やハイテンションになることを求めない理由はここにあります。

もしそれを応用したとしたら、はるかに参加者が増えることになると思いますが、わの舞はそうした手法を用いません。

アニミズム社会の踊りと、日本の能や道《どう》の文化の所作は、まったく違うものに見えます。

でもその奥に、一貫して流れ、熟成されてきた普遍の軸があるのです。

縄文人が知っていた宇宙の真理

——時空超越のための舞空間

御柱を舞う時、円の中心に全員を結びます。

存在の中心には二元の世界を超えた一元の世界、時間と空間を超えた永遠の領域が宿るというのが、古代の人々の認識でした。

熱海に「来宮神社《きのみや》」という神社がありますが、本来は「木宮神社」であったと言われています。

古代の人々は木そのものに祭祀を行い、天の摂理を認識していました。

建築文化の導入によって社が建てられるようになる前は、木そのものに神を見ていたのです。

現在も神社には御神木がありますが、本来は御神木を円形に取り巻いて祭祀を行っていたのです。

まっすぐに伸びる木は、なんで高くそびえられるかというと、先に出来た細胞が死ぬからなんです。

死んでその周りに新しい細胞が出来て年輪が出来てくる。

外側の年輪は生きている。

でも、内側の年輪は死んでいく。

真ん中が死によって固くなるからそびえることができる。

そうでないと柔らかくて存在を保つことができない。

常に死んだ細胞が新たな生命を支え、新たな生命は祖先を真ん中に大切に包むようにしながら、生きた細胞が周りを取り巻くのです。

祖先に支えられ、祖先とともに生きるのです。

縄文の人々の自然物への観察眼には驚かされます。

日本の縄文遺跡を調べると、彼らが天の宿りを認識した〝木〟という存在とまったく同じ構造で村をつくっていた痕跡が見当たります。

真ん中に死者を祀る場所があって、その周りに家を円形に取り囲んで、生きている人たちがその周りを包むように生活する。

死者と時間を共有し、死者と共に舞い、踊る、それが彼らの生活であり、祀りでもある。


木の構造とまったく同じなのです。

彼らのもっている死生観自体が木のようなものだったと思われるのです。

常に一緒に生きているんです、死者と。

見えないけれども、常に助け合っているんです。

身体を脱ぎ捨てた魂に常に支えられている。

おかあさんに守られ、愛情いっぱいっていうのと同じように、もっともっと大きなおかあさんに支えられている。

原点を大切にするということは、永遠なる次元に生きることであり、時間を超えることでもあります。

それを象徴するものが軸なのです。

御柱の舞の空間形式は、やってみると分かりますように、この、木や縄文の村の構造と同じ宇宙そのもののパターンです。

昔の人たちは、宇宙そのものの型を言葉ではなく、それを現象界に降ろす過程を通して、体で伝えたのです。

彼らが型によってその世界観を伝えたのは、型が言葉よりも深く世界観を伝えるからです。

世界観を伝えるというよりも、世界そのものがダイレクトに伝わるのです。

言葉や観念は媒介ですが、媒介をさしはさまないのです。

宇宙につながる節目がある

（御柱の舞の最初の動作を行った後で）

今やったこれは腕ではなくて、ここから出るセンターエネルギーをここにつなげます。

もう一つはこちらにつなげます。

みんなで一つの自立空間を形成するためには全員のセンターエネルギーを一つの流れにすることが重要です。

踊っていると無重力感覚が生じますが、我々の身体の中に発生する無重力・反重力感覚は、魂の成長のバロメーターです。

上昇感覚が高い体ほど、解放感や魂の自由度のレベルも高いのです。

重力が抑制として作用している間は、魂の活動にも制限が与えられています。

ここがどれだけ開花しているかで決まります。

ここを用いられるようになると軸に位置する他のセンターも目ざめます。

目ざめると、個人的次元を超えた叡智につながります。

これは個人的能力の問題ではなく、人と人と、あるいは自然界と人が真に調和的であるためには必須の条件です。

人間の最も人間らしい力、これを失うことは、惑星や太陽が、他の星々と共振し、連動する力を失うに等しいのです。

私たちはどういう方向にも進むことができるような存在です。

不安を探せばキリがないほど私たちの周りには不安材料がいっぱいあります。

細菌にいつ感染するだろうと思えば、私たちの周りは細菌だらけです。

あの人やこの人にいつ嫌われるだろうと思えば、人がこわくなります。

誰にとっても不安になる材料はいっぱいあります。

でも、安心して生活している人と、恐怖心で生活している人の違いは、どんな次元に意識があるか、ただそれだけの違いです。

しかし、この意識の次元を移行することがなかなかできないのです。

実は、これを規定しているのは空間次元の体なんです。

大安心のレベルにある人は、必ず中心軸が成立しています。

中心軸が成立しているということは、深いゆだねの状態にあるということです。

一番辛いと感じる出来事が起きた時であればあるほど、人間は大きく変わる節目に来ています。

辛いと感じる出来事は、節目の時に起こるものであるからです。

その時に、どんな心になるかによって、その人の人生の流れ、その先の流れが変わってきます。

ですので、今自分が節目と感じている人は、体が大地につながり宇宙につながっているかどうかを大事にしてください。

大きなゆれの中でゆるがない自立性を確立させると人間は大きく変わるものです。

私たちにとって苦しい出来事、辛い出来事、悲しい出来事は必然的にやってきます。

私たちの魂を磨くために必要な時に宇宙が与えてきます。

自分にとって悲しいと思うこと、辛いと思うことがあっても、すべてをゆだねられる体のコンディションに調整することが大切です。

そうした時に、すべては建設的な方向に向かい、それが大きな大きな導きであることが後で分かります。

わの舞でやっていることは、いかにしたら根本レベルから私たちは宇宙に共鳴し、つながるのかということの追求です。

自身がつながる時、自分に親しい人も同じように宇宙とつながりやすくなります。

私たちは一人ひとりが宇宙につながることで気が付かなくても他の人をサポートします。

逆に、私たちの一人が宇宙から外れる時、その影響で他の人を外してしまうこともあります。

たった一人の人の自身を成立させる努力が、何百人何千人の人を救うものです。

人類にとって
自然は
一緒に舞い踊るべき仲間だった

一緒に舞い踊る時
彼らは
幸福という言語で
語りかける

第三章

日本人の潜在力を開くために

（ガイアの法則についての講演会講演記録に加筆してあります）

舞を通して会得したもの

ぼくが、「人類の歴史は地球の運動と一致する」と言った、そのこと自体の価値よりも、私たちがどういう存在なのかの認識を根底から覆すことの方が、はるかにぼくは重要だと思っています。

この法則を知ってほしいと思っている根底にあるのは、この法則を知ってほしい以上に、私たちがどういう存在かを知ってほしいからです。

今までにない視野で人類をとらえ人間をとらえ、歴史をとらえていただきたいからです。

体から世界につながり、その体の目で人間をとらえ、人類をとらえるとき、従来の学問的視野とは別の世界が見えてきます。

地球が統一体であり、人類もその一部であることが見えてきます。

世界中の先住民が自由に踊ってきたにもかかわらず、その奥に統一的秩序が存在するのと同じように、人類集団の歴史も、自由に行動しているつもりでも、統一体としての踊りの側面をもっているのです。

あえて衝撃的な言葉で「人類の歴史は物理運動」とぼくは言っています。

物理というとらえ方でとらえるとそういうことになります。

でもその「物理」という認識自体が、現代人が本質を忘れていることの表れです。

物と魂は別だと思っているわけですからね。

たぶんぼくが生きている間は、人類全体の規模から見たらほんの少数の人しかこの法則を知ることがなく終わると思います。

これから百年経っても完全にそれが常識になっていないかもしれないです。

それくらいの長さが必要だと思います。

コペルニクスの時代から地動説が認められるまでも何百年もの月日が流れました。

しかし、いずれそれを認識してくれる人がどこかに現れ、そのことが分かる時代が来るものです。

宇宙は一つのパターンから生み出されるというのが、ぼくが舞を通して会得した宇宙の真理です。

たった一個のパターンからすべてが生み出される。

太陽系の構造を見れば分かると思います。

スピンし、軸が生じる。

地球もそうです。

北極、南極を結ぶ軸が生まれています。

素粒子、原子全部そうです。

このパターンから全部が生まれている。

このパターンの中に宇宙のあらゆる法則が凝縮されている。

だから一個を把握すれば全部が把握できるように出来ている。

この最初のパターンを把握した時、全部が分かるように出来ている。

ガイアの法則も、そうして見えてくる当然の事実の一つにすぎません。

人間の生き方も含めて全部が分かる。

私たちがいろんなことで悩んだり苦しんだりしている時、それをどう乗り越えたらいいのか。

その方法を見つけるまで視野を広げていくのが人間の進む道だと思います。

現代の私たちは学校教育で育つから、生き方というものも、ちょうど受験勉強をするように、たくさん知ることで分かろうとするんです。

だから誰もがそうした方向で答えを求め続けるのです。

でも、生き方は、実在の世界であり、知識ではありません。

それをいくらやっても果てしなく、終わりなく、ゴールがなく、探し続けるだけになります。

それどころか、そうすればするほど、私たちは観念の世界を増大させてしまい、その分、実在からは遠ざかってしまうのです。

では、どうしたらよいのかというと、これとは逆方向に進むしかないのです。

つまり、一元的な方向に向かうことです。

そうすると、私たちは現実の宇宙に出会い、実在につながるのです。

あれもこれもと求め、理解しなければいけないと考えるのではなく、自身というたった一点を深めてゆく。

そうすると、たった一点から、すべてがまるごと見えてくる。

これは観念で理解する分かり方ではなく、実在的な出会いになります。

世の中の偉大な先駆者はそういう方向性をもっている人です。

沢山を勉強して一個の発見をしているのではない。

そして、見えてくるだけでなく、人間本来の実在的実感に出合います。

この実感こそが、私たちが無条件で自身の存在が幸せと感じるその感覚の源泉なのです。

「二兎を追う者一兎をも得ず」という言葉がありますが、「二兎」を二元次元の象徴ととらえると深い法則が見えてきます。

ことわざの裏には法則があります。

一元次元に至ると、「一石二鳥」という言葉がありますが、二鳥どころか三鳥も四鳥も無限に得ることになるのです。

私たちが、本当に自然体での本来のあり方に至るためには、一点をとことん極めるようなあり方が必要です。

競争心のある人は、精神的な分野でも知識や理解や技能を人より遅れまいとしてあれやこれや追い求めます。

これをしなければ人より遅れてしまう……。

そういう心理は二元的心理です。

一元的な人はそのような比較で動きません。

ただひたすら天と同じように一つを極めるのです。

いくつもを追い求める人は二流の生き方しかできません。

愛は空間によって成就する

私たちは愛というものが大事だと誰もが人生の中で気付きます。

しかし、それをどう実現したらいいかという時に、皆、苦しみます。

現代のその愛の認識というものが、宇宙の法則通りに愛というものをとらえていないのです。

感情レベルでしかとらえきれなくなってしまっているんです。

ちょうどトランス系ダンスと同じように、感情の高まりを愛と錯覚しているんです。

愛というものを一番重視する宗教はキリスト教でしょう。

彼らは愛という概念をつくり上げました。

一方で一番多くの戦争をつくり上げた人たちもキリスト教圏の人たちです。

何で愛の概念をおし進める人の間で戦いがあんなに生み出されるのか。

これは愛の把握のしかたそのものが間違っているからです。

現代のかなり斬新に思われるようなスピリチュアル思想も、その中で語られる愛というものはこのキリスト教がつくり上げた愛の概念に乗っかっています。

決して宇宙的視野ではないのです。

そのことにまず気付いてほしいのです。

宇宙的視野に立って愛というものをとらえない限り、本物は分からない。

これはそれを言い始めたイエスという人物が間違っていたという意味ではないです。

愛というものがどういうものかも、軸とスピンの中に全部埋め込まれているんです。

これが分かれば愛とは何かが分かるものです。

本当は思想や感情ではないんです。

構造、パターンなんです。

その本質に立った時、私たちはそれを本当に把握することができるようになります。

体ごと把握するということが、私たちにとってこれから重要になってくることです。

ここ（頭）で理解しようとしても、ここ（頭）はパターンを把握することはできないんです。

理解することはできても、把握することはできない。

私たちはこっち（体）で把握するしかできないんです。

知識を優先してしまうと、分かるものも分からなくなってしまうのです。

こっち（頭）を働かなくさせると、逆に真理が見えてきます。

わの舞では、無思考状態が生まれます。

無思考状態になった時に初めて分かるものがあります。

無思考の思考って言ったら分かりにくいかもしれないけれど、無思考で物事を把握する、そういうレベルでの頭の使い方が私たちには必要なんです。

これができた時に、人間同士も深いレベルでお互いを把握し合います。

逆に言うと、そこまで至らない限り、人間は調和できない。

みんながそこまでの存在的共有次元に至った時に、初めて人間集団も調和に至るものです。

心は行動に表れます。

わの舞講習で見ていても、本当に無思考の次元に近づいた人は、休憩時間や終わってから、二元的な会話をしなくなるものです。

二元的会話をもちかける人がいたとしてもさらっと上手にかわして距離をおいているのが分かります。

心が開放的な人ほど二元的会話は消えてゆきます。

これは、自立性とも関係しています。

本当の調和は、一人一人が完全に自立していなければ生まれないのです。

自立は軸から生まれます。

和の精神と空間

二元的世界観の構築へと進んできた現代人にとって、これは、今までとは正反対の方向です。

二元的な世界観から一元的な世界観に方向転換しなければいけない。

これを地球規模で見た時に、おし進めていくべき役割が日本人にあるとぼくは思っています。

民族にはその民族、その民族の役割があります。

どの民族も大事で、どの民族が優秀とかそういう問題じゃないです。

リズムがあるんです。

日本人は世界の中でも、一元的な性質に関してはとくに顕著に深い性質をもともっている民族です。

アジアの中でも最も一元的な世界観を日本人は構築してきている。

地球規模で見た時に、ヨーロッパとアジアを比較するとアジアの人たちはどちらかというと一元的な世界観をもっていて、ヨーロッパの人たちは二元的な世界観をもっている。

これはどっちも必要だからです。

でもそのアジアの中でも最も顕著に一元的な世界認識をするのが日本人なんです。

中国学の先生たちがよく言いますが、中国人の世界観と日本人の世界観を比べた時の最も根本的な違いは、日本人は一元的に世界を認識し、中国人は二元的に世界を認識することです。

中国の人たちは陰陽で宇宙は成り立つということに視点を置いてきました。

日本人は最初から一つのものとして原点をとらえようとする傾向にある。

この違いは大きいです。

世界全体の中では決して中国がとくに顕著に二元的というわけではないですが、

中国と日本を比べるとそれほど違う。

それくらい日本人は世界の中で顕著に一元的な世界観を潜在的にもっている。

今まで、私たちは西洋文化を受け入れて、西洋的な思考方法を学んできました。

ここ百年、二百年、とくにそうです。

これが、これから先むしろ重たいおもりになります。

私たちを先に進ませまいとするおもりになる。

これを私たちが意図して意識的に克服して乗り越えていく必要があるんです。

これを乗り越えた時、日本人は日本人としての資質をよりしっかりと実現させ、世界に寄与することになります。

二元的な認識が間違っているわけでも不必要なわけでもない。

人類にとっては必要な認識であり、必要な能力でもある。

でも、一元性を失った二元力は危険な刃物です。

これからの時代、それを分かった上で二元性を乗り越えていく必要がある。

二元性を把握した上でもう一度一元性に進む必要がある。

日本人はそこまで分かった上で一元性を再認識、再構築していくことが、ちょうど重力を克服し、把握した存在となるのと同じように、世界にとって必要なのです。

実は日本は過去に、今から進もうとするこの過程を、アジア規模で成功させているのです。

中国文明を受け入れる時に、明治維新と同様に混乱を極めました。

そして受け入れた後に、日本人はそれをある意味で克服しています。

日本の道の文化や日本の伝統民家はその象徴のようなものです。

たとえば法隆寺五重塔の要である心柱《しんばしら》には、日本伝統の中心軸の原理が応用されています。

これはまさに軸に日本のお家芸である一元性文化を用い、外側に外来文化を用いた、象徴のような形です。

これは、二元性の文化導入の後に一元的世界観がしっかりと生きてきただけでなく、より洗練されたものへと高めることのできた証しのようなものです。

わの舞で提供していることは、中国文明よりももっと極度な二元性を克服するための潜在力の養成です。

一元的な世界観を体ごととらえ、体を通して二元性を超えるためのパターンを把握することです。

西洋文化が入ってくる前の昔の日本においては、西洋的観点の教育のようなものはなかったに等しいです。

でも子供たちの心は、仲間を深く思いやる心が培われていた。

これはなぜなのかを私たちは知る必要がある。

何で深く仲間を思いやる心が培われたのか。

西洋の人たちは、教育がなければ人の心が育たないと信じています。

だからどんどん問題があれば教育を施そうとします。

でもそれでも追いつかない。

これをいくら重ねても私たちは掌握不能なほどの複雑化を繰り返すだけです。

どんな教育が研究されても同じことです。

教育がなかった時代に何で鍵を必要としない文化が日本にあったのか。

宝物を置いておいても盗まれなかった。

だから、鎖国を解禁した時に来た外国の人たちが、現金をいっぱい置いて出かけても日本人が盗まないことを驚異に思った。

日本人は本当の意味での教育を知っていたんです。

人間の心はいかにして培ったらいいかを知っていた。

どうやってそれを培っていたのか。

以心伝心で子供たちに心を伝えることが日本人はできたんです。

どうやって以心伝心で伝えたか。

これが体というものなんです。

心は体によって成り立つんです。

日本の昔の人たちは体とその響きで、伝えたんです。

知識で伝えられないもっと深いものを所作で伝え、行動で伝えた。

何の説明もなく行動で伝え、存在の響きで伝えた。

おじいちゃんおばあちゃんたちが新年を迎える時に、その準備としてわらで輪飾りを作る、その輪飾りを作る時にどれくらいの慎ましい思いで新年を迎えようとしているのか、それは動作に表そうとしなくても出るものです。

新しい年を迎えるということが尊いということを、言葉で説明しなくてもそのおじいちゃんおばあちゃんの眼差しや丁重なその姿に出るんです。

子供たちはそういう姿の響きにふれるときに、説明しなくてもその心を体感します。

長年習練を積み重ねられた、わらをなうその手さばき、体さばきは、洗練された美しさがあります。

軸が通り、余分な力はぬけ、極められた舞と同じになるものです。

心にも体にも神聖さがみなぎるのです。

こうした型を超えた型が、言葉で伝える教育よりももっと深いものを培うのです。

おもちつきや大そうじも教育を超えた神事でした。

日本では、各家庭に、心を育む神事が生きていたのです。

全身全霊でそれに向かうことで、心の核心が養われてきたのです。

おじいちゃんおばあちゃんが朝起きるとお仏壇に手を合わせる、神棚に手を合わせる、何も説明しないです。

でもそういう家で育った子供たちは教えられなくても手を合わせるようになるものでしょう。

この前、岐阜の田舎の地域に行った時、目にした言葉にぼくははっとさせられました。

「私たちの町の子供たちは教えられなくても、どの子も神様に手を合わせます。これが私たちの誇りです」と書かれていた。

現代でもそういうところが田舎には残っています。

これは神様に手を合わせるか合わせないかの問題以上のものがあります。

どこまで高い意識水準を子孫に伝えられるかの問題です。

現代の教育は知識にかたよりすぎて、人間にとって肝心なものを伝えられなくなっています。

教育だけでなく、宗教や精神世界的な分野も同じように言葉の次元をさまよっています。

先ほどの講習で最初に大黒柱の話をしました。

何で日本にそういう風習が残っているのか。

大黒柱というのは素晴らしい叡智です。

宇宙とは何かを知っていなければ出来ない構造です。

どんな構造で宇宙が成り立つかを感覚的に知らなければ、そのような構造にはならない。

何でここまで日本人は何千年もの間その風習を続けてきたのか、それはここに深い日本人の核心があるからです。

ぼくは小さな頃、家族が大黒柱を尊ぶ姿を沢山見て育ちました。

神様のように大黒柱を認識する家族の姿を見て育ちました。

その心、その所作から自分が何を培われたかを実体験しています。

言葉や観念の教育を超えた教育を私たちがもう一度復活させられるかどうかで、未来が決まるとぼくは思っています。

何でぼくが講演するよりも踊りを広めているのか。講演するのは今年初めてです。

ほとんど断ってきました。

でもここで初めて講演を受け入れたのは、こういう地域だからです。日本の古き文化が残っている地域だからあえて語りたいんです。

大事にしてほしいからです。

基本的にぼくは、こうやって言葉で伝えたくはない。おそらく今日が今年初めで最後の講演になると思います。

今日、踊りを見て何かを感じていただいたと思います。

この伝え方というのが、日本の我々のやってきたことです。

一元的な伝え方なんです。

二元的な伝え方ではない伝え方。

これによってしか構築できないものがある。

中国の少数民族の地域の中には、何百年もの間ただの一度も戦争を起こしていない地域がある。

いくつもの少数民族がいっぱい同じ地域に暮らしながら、一度も戦っていないのです。

彼らの顕著な特徴は、二元的な世界観をもっていなかったことです。

そして、いわゆる知識教育的に子供を育てていない。

型で育て、踊りで育ててきた

わの舞と同じようなわの踊りが沢山ある。

ぼくは彼らにふれることで、日本人の昔の文化と同じものをこの人たちは維持しているということを目の当たりにし、そこから逆に日本の素晴らしさに気付きました。

日本人が昔もっていたものを、私たちがもう一度復活させなければいけない。

今、中国の少数民族の人たちは中国の政策によって自分たちの文化を失いつつある。

全部失われるのは、時間の問題です。

私たちと同じ一元的な世界観を維持した希少な人たちです。

漢民族ははるか昔にそれを失っているんです。

世界の中で日本人が独特なのは、ある意味で高度な文化を構築しながらも一元的な世界観を維持してきたことです。

江戸の文化に至るまでは一元的な世界観が維持されてきた。

維持どころか、それによって、非常に高度に洗練された一元的芸術性を日本人は生み出してきました。

そこが中国少数民族とはちょっと違うところです。

日本人の顕著な特徴です。

日本人のこの経験が、西洋文明化された社会を一元的な世界へと変換する底力になると思います。

世の中の変化は、まず芸術分野から進行するものです。

最先端と最古とを融合させること。

それが新たなものを生み出します。

たとえば舞踊の世界で言えば、西洋舞踊をアニミズム世界観のままに構築し直すようなことが日本人なら可能であると思います。

西洋的な世界観を日本人が意識して超えていくこと、日本人のもっていた原点の価値にもう一度目ざめること、これをやるだけで時代の流れは変わるに違いありません。

ガイアの法則に影響を受けて、１３５度ラインに移住している人たちがいるそうですが、そんな現代的視点では時代は変わりません。

それよりも私たちが精神的に日本の原点に目ざめることが必要です。

私たちが今いるポジションで原点を大事にすることです。

自分の生まれた地域、とくに田舎で生まれた人は、そのご縁のある自分の地域の文化を古代の人たちのように大事にすることが必要です。

そこの中にどれだけの価値があったかを発掘してほしいと思います。

それぞれがそれぞれのポジションで過去を未来につなげることが必要です。
過去を切り捨てて未来をつくろうとしたら、どこかに空虚な何かが生まれます。
自身のポジションを切り捨てる時にも不調和が生まれます。
近代文明はその証明のようなものです。

男女が一体化する空間をつくる

今、結婚しない、できない四十代、五十代の人、多いでしょう。

すごく多い。

これってまさに西洋的思考の結果なんです。

とくにこの世代の人たちの若い頃はフリーセックス的な価値観が植え付けられた時代で、そうした影響を受けた人ほど深刻です。

男女の関係は、私たちの世界観の結果です。

私たちは古い価値観は捨てなければいけません。

自分個人の意志で強引に実現させようとしても、男女の健全な関係は成立しません。

これは、私たち人間がどういう方向に進むべき存在かを示しています。

もう一度豊かな結婚が自然に成立するような日本に戻る必要があります。

わの舞はまだ始まって実質三年くらいしか経っていないですが、この間に熱心に関わっている人たちから、次々にカップルが生まれ結婚して子供が出来ている。すごい早さで、実に象徴的です。

自然に生まれるんです。

無理に異性を得ようとせずに、自然に健全な関係が成立しています。

現代的洗脳を受けてしがらみの中にあったような人も、見事にクリアーして、ぼくも感心するような母性性、父性性を発揮しています。

全体が調和すると個人もそういう流れに自然になるものなんです。

集団が一体感に入ると、夫婦であれば、通常の関係よりも深く共鳴しやすくなります。

全体の力ってそういうものなんです。

全体が一元次元にあると、個々の関係も努力しなくてもそうなる。

全体が二元次元にあると、個々の関係も対立的になるんです。

現代社会は対立構造で成り立っているでしょう。
だから男女関係もそうなるんです。
これを覆す場をつくっていく必要がある。
現代社会の中にあって、違う空間をつくっていく必要がある。
ちょうど宇宙が新たな空間を生み出すようにです。

あとがき

（本書のＤＶＤについて）

大自然と舞うことがなくなってしまった現代人のために、大自然と舞い、宇宙という存在と舞う至福を感じてもらえる本を作りたい、そんな夢がやっと実現できました。

踊りのシーンは、日本にある南国の楽園、宮古島です。

宮古島では、自然界の精霊たちが演出したかのような美しい出来事がたくさん起こりました。

毎日踊り終わると虹が出たり、海の中で踊った時には日光の反射が踊っている時だけ絶妙なタイミングで美しかったり、《天の舞》では最後だけが風が強く吹いて、衣が羽衣のようにはためいて本当に天に昇ってゆく天女のようなシーンになったり……本当に大自然と舞う至福の日々となりましたので、その雰囲気が伝わってくると思います。

本書のDVDには、《天の舞》《原始の舞》《あゆみの舞》《御柱の舞》の四つの舞と、わの舞の踊りの稽古の合間に私が話す話が、一日分収録されています。

稽古中の話は、いつもその時の空間にゆだねて話しているだけなのですが、話を聞くのが目的で来てくださる方もいらっしゃいますので、稽古的な感覚でご覧になれますよう、踊りの合間に話を入れてあります。

《天の舞》は、宮古行きの直前に降りたビジョンでしたので、宮古ではまだ名前も付いていないままに踊り、即席で舞ったために充分に完成されていないのですが、出来たてほやほやを最初に収録させていただきました。

それでも、大自然の演出のおかげで美しい映像が出来たと思っています。

わの舞の踊りは、それぞれがまったく異なる独立した個性をもっていて、地球規模、人類史規模ではるかな古代や神殿の時代など、様々な時代や地域の最も良質な次元につながるように出来ています。

ぜひ、私たちや大自然と一緒に舞っている気分でご覧いただけたらと思います。

なお、『楽園の舞─大自然に舞うわの舞の世界（完全版）』が同時発売の予定です。

本書付録のＤＶＤには未収録の映像が複数収録されています。

男性のみによる舞《かごめ》や、映像を見ながら活用できる脱力法の誘導映像や、講話「一元的ナルシシズムが人間成長のカギとなる」などを追加した充実の内容です。

この本は、沢山の方々のお力で完成できました。

いつもお世話になっておりますヒカルランドさん、ＤＶＤのウォーブルさん、天の舞用にイメージ通りのエンジェリックな曲を作ってくださった音妃《おとひめ》さん、突然の呼びかけであったのに、手作りの衣装を間に合わせ、全国から80人を超す人数で宮古に来てくださったわの舞のみなさん、素晴らしい美しさをくださった宮古の精霊たち、いつも私の本とわの舞を応援してくださっている沢山のみなさん、ありがとうございました。

無心の体
天空のこころ

千賀一生　ちが かずき

わの舞創始者。

身体との対話を通した自己変革体験から、体と心のつながりについての多数の法則を発見する。古代神聖舞踊がそうであったように、誰もが体を通して心を本質から育むことのできる場が現代にこそ必要であるとの観点から、わの舞を創始する。

その一方で、体を通した宇宙的法則の体得は、知られざる数々の宇宙や宇宙と人間との間に働く法則を認知させ、その一つから生まれた人類の動向と惑星周期（地球リズム）の完全なる連動性の証明は、ガイアの法則として多方面から注目されている。

現在、著者の創始したわの舞は全国に普及し、人間元来のあり方を蘇生させる舞踊として多くの人に親しまれ、感謝の便りが後を絶たない。

代表的な著書に『ガイアの法則（ガイアの法則Ⅰ・Ⅱ）』（徳間書店・ヒカルランド）がある。

わの舞ＨＰ＝ http://chiga.jimdo.com/

千賀一生無料情報提供＝ http://taocode.jimdo.com/千賀一生無料情報提供/

【わの舞】ヒーリングDVD+BOOK
太古人類は《宇宙と舞う》方法を知っていた
体はこうして《ガイアの法則》を把握する

第一刷 2015年1月31日
著者 千賀一生
発行人 石井健資
発行所 株式会社ヒカルランド
〒162-0821 東京都新宿区津久戸町3-11 TH1ビル6F
電話 03-6265-0852 ファックス 03-6265-0853
http://www.hikaruland.co.jp info@hikaruland.co.jp
振替 00180-8-496587
本文・カバー・製本 中央精版印刷株式会社
DTP 株式会社キャップス
編集担当 TakeCO

ISBN978-4-86471-247-7

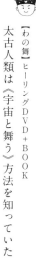

2012年11月～2013年６月　池袋サンシャインプラネタリウム「満天」（コニカミノルタ）「フィンランド～オーロラの詩」上映番組にて「Gifts from Angels」（作詞・作曲・編曲・唄）楽曲提供。
2013年10月末　『倍音ヒーリングCDブック』（音妃著・マキノ出版）全国書店にて発売。
2013年12月　世田谷プラネタリウムにて楽曲提供。
2014年７月　オーストラリアにて初海外コンサート＆ワークショップ開催。
2014年９月～　東京スカイツリープラネタリウム「天空」（コニカミノルタ）「フィンランド～オーロラの詩」上映番組にて「Gifts from Angels」（作詞・作曲・編曲・唄）楽曲提供。
2014年10月　スターデジオ・音妃監修チャンネル【リラックスサウンド／441ch】【癒しの音楽／481ch】開始。
リラックス＆ヒーリングのための即興演奏を含めたコンサート、CD & BGM 制作、倍音声・ヴォイスセラピーのセミナーを各地で展開。数々の健康＆セラピー系、ヒーリング＆スピリチュアル系雑誌に掲載（表紙含む）。癒しの CD 楽曲を提供している。
ヒカルランドでも新刊執筆中。
WEB サイト：http://www.voice-alchemy.com
ブログ：http://blog.goo.ne.jp/otohime-official

コラボ別売 DVD 同時発売中！

『【完全版】楽園の舞』
大自然に舞う《わの舞》の世界

（本体 3,241円＋税）

本書『太古人類は《宇宙と舞う》方法を知っていた』に付いている DVD の完全版となります。倍音ヒーリングの音妃さんの BGM と共に、「ガイアの法則の一歩奥、理解から把握の世界」をお伝えするために、千賀一生さんが丹精込めて編纂した DVD です。
この中に《わの舞》の秘密のすべてが詰まっているといっても過言ではないでしょう。

音妃　otohime

倍音シンガーソングライター。作詞・作曲家。
KinKi Kids をはじめ楽曲提供を多数手がける。早稲田大学文学部中退。
マキシシングル CD「明日に架ける橋」（ワーナーミュージック）リリース。
2007年　声と倍音のメソッドを探求、「ヴォイス・アルケミー」を主催。
2009年　CD アルバム「スカラベ」リリース。
2010年　ネパールにて CD「Wa－Om」発売。ダライ・ラマの集会など幅広くシンギングボウルの演奏活動をしているサンタ氏の CD にヴォイスパフォーマンス参加。
2012年4月　声の力が脳波を変える・全てが叶う！『倍音セラピーCD ブック』（音妃著・BAB 出版）発売。好評につき7刷目の重版（2014年現在）。
2012年7月～8月　下田 FM パーソナリティー。

ヒカルランド　近刊予告！

地上の星☆ヒカルランド　銀河より届く愛と叡智の宅配便

[神代文字] 言霊治癒のしくみ2
縄文直系《宇宙ヒーリング》の大海へ
著者：片野貴夫
四六ハード　予価1,750円+税

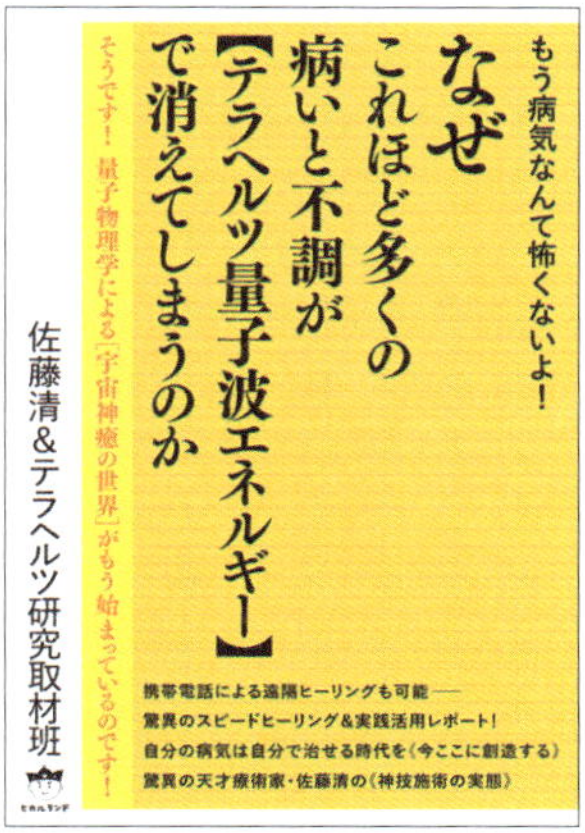

もう病気なんて怖くないよ！
なぜこれほど多くの病いと不調が
【テラヘルツ量子波エネルギー】で消えてしまうのか
著者：佐藤清＆テラヘルツ研究取材班
四六ハード　予価1,750円+税

ヒカルランド　近刊予告！

地上の星☆ヒカルランド　銀河より届く愛と叡智の宅配便

現代人の心と体の救命ボート
雑穀（つぶつぶ）で世界（あなた）に光（パワー）を
つぶつぶグランマゆみこの私が私になる大冒険
著者：つぶつぶグランマゆみこ（食と心のデザイナー）
四六ソフト　本体1,444円+税

◎あれ、雑穀っておいしい！　知らない間に頭の中に刷り込まれている根拠のないネガティブな先入観から自由になろう！
◎ついこの間まで日本人をサバイバルさせてきた伝統食が天衣無縫の女神アレンジで絶品レシピ（体の運転マニュアル）になって大復活！　その原点の旅へとみなさまをお連れいたします！
◎初めての未来食つぶつぶ HISTORY
◎雑穀は「地球お母さん（パチャママ）」のおっぱい――それは現代に生きる私たちの《いのち》を救い出す救命ボートです！

ハピハピ♥ Goods&Life ヒカルランド

◉シンクロニシティカードと『次元間トラベリング』

《５D》高次元エネルギーを光速チャージ！
次元間トラベリング
著者：FUMITO／LICA
B6ソフト　本体1,600円+税

シンクロニシティカード
著者：FUMITO／LICA
定価：本体3,000円+税

FUMITO & LICAさんは初めての著作『次元間トラベリング』で「異次元の生命体」との交流を明らかにしました。そうした不可思議な体験の中で自然と生まれてきたのが、「シンクロニシティカード」です。今、あなたに必要なメッセージとは!?　２種類の異なるカードを同時にシンクロさせて、高次元宇宙から最適な答えを導き出す——まったく新しいオラクルカードが誕生しました！　メッセージカード33枚とカラーカード11枚を併用することで、新たな気づきのメッセージ、さらに必要なエネルギーやカラーサインなどを受け取ることができます。幸せへのシンクロパワーを次々と呼び込み、かけがえのない人生の羅針盤にもなるでしょう！　カードの完全マスターを目指す実践セミナー講座も開講していますので、こちらもご参加をお待ちしております（講座詳細はヒカルランドパーク HP にてご確認下さい）。